Bibliografische Information der Deutschen Nationalbibliothek:

Die Deutsche Nationalbibliothek verzeichnet diese Publikation in der Deutschen Nationalbibliografie;

detaillierte bibliografische Daten sind im Internet über dnb.dnb.de abrufbar.

Verlag: BoD · Books on Demand GmbH, In de Tarpen 42, 22848 Norderstedt

Druck: Libri Plureos GmbH, Friedensallee 273, 22763 Hamburg

ISBN 978-3-7693-1198-3

Inhaltsverzeichnis

Zwischen den Zeilen

Ein lyrischer Weg durch Schmerz und Heilung

Sommer

Sonnenstrahlen berühren sanft die Haut,
der blaue Himmel strahlt zart,
die Welt ganz ruhig.

Ein leichter Wind frei und ohne Hast,
das Rascheln der Blätter flüstert leise.

Nasses Haar vom Meer, trocknet in der Luft,
so leicht, so sacht,
während Blütenpracht in satten Farben singt.

Zart gebräunt die Haut, vom Sommer gezeichnet,
Vogelzwitschern schwingt durch den warmen Tag.

Schmetterlinge tanzen leicht, wie unbegreiflich,
Bienen sammeln fleißig, ohne Ruh' und Frag'.

In diesem Moment, so voll und voller Leben,
hat die Natur uns still ihr Herz gegeben.

Ruhe

Beim Blick nach draußen sah ich sie klar, die Ruhe.
Die Ruhe, die ich schon lange nicht mehr spürte.
Von der ich vergessen hatte, wie sie sich anfühlte.

Dieses Grün, es lindert meinen Schmerz,
es hemmt meinen inneren Konflikt,
es bringt mich zur Ruhe und schärft meinen Blick.

Meinen Blick für Dinge, die wirklich wichtig sind,
für Dinge, die vielleicht richtig sind
und die im Leben zählen.

Es zeigt mir wie so oft, auf was es ankommt.
Auf innere Zufriedenheit und Balance,
und so geb‘ ich diesem Tag erneut die Chance.

Ich und Du

Ich hab‘ Hunger
du hast Durst.
Ich ess‘ Käse
du isst Wurst.
Du bist groß
und ich bin klein.
Du bist grob und
ich bin fein.
Du bist dunkel
ich bin hell
Ich trag Leder
du trägst Fell.
Ich bin breit und
du bist schmal.
Ich trag Kragen
du nen‘ Schal.
Ich mag Sommer
du magst Winter.
Du magst Tiere
ich mag Kinder.
Im Grunde sind wir zu verschieden,
um uns jemals fest zu lieben.

Doch was ist dabei das Problem?
Kann man sich nicht so verstehen?
Ohne gleich aufzugeben und nach neuen Dingen zu streben, die einem viel ähnlicher sind und besser liegen.
Ist das der Sinn des wahren Liebens?
Sollten wir nicht eher darauf achten, unser Herz an den richtigen zu verpachten?
An den der mir vielleicht nicht ähnlich ist aber durchaus in die gleiche Richtung blickt.
Der versucht mich zu achten und zu verstehen und so wie ich bin, anzunehmen.
Der mich respektiert und toleriert und mich nicht manipuliert.
Der Freiheit schenkt und bei dem man sein kann, wie man ist, der einen dann auch mal vermisst.
Der am Ende egal was kommt, zu einem steht und den Weg gemeinsam geht.

Verschieden

Du willst Freundschaft
und ich will Liebe.
Ich will landen
du lieber fliegen.
Du willst frei sein und
ich nicht allein.
Ich will dich,
doch du willst nicht mich.

Und so stehen wir,
wie schon so oft, hier,
vor verschlossener Tür.
Du kommst nicht raus
und ich nicht mehr rein.
Kann das alles gewesen sein?
Ich ohne dich und du ohne mich.
Alles nur "freundschaftlich"?

Doch wir müssen begreifen,
Es ist an der Zeit, erstmal zu reifen.
Um dann womöglich zu sehen,
wie sehr wir uns doch verstehen.

Vielleicht ist es dann zu spät,
für dich oder mich.

Vielleicht ist es dann zu spät,
für ein wir oder uns.

Vielleicht aber auch nur vielleicht, sollten wir erstmal
begreifen, dass es tatsächlich besser ist zu reifen.

Die Welt zu entdecken,
sich nicht zu verstecken.
Keine Gedanken verschwenden
an zukünftige Enden.
Mit etwas Neuem beginnen,
um dann zu erkennen,
wie toll das alte doch war.

So ist die Liebe,
wunderbar und doch schmerzhaft.
Nicht zu begreifen.
Doch ist es dann nicht besser erstmal zu reifen?
Um schließlich zu sehen,
wie sehr wir uns verstehen.

Vielleicht

Ich weiß, was du fühlst,
ich kenne deine Gedanken.
Alles gerät allmählich ins Schwanken.

Deine Zweifel, dein Schmerz in der Brust.
Mir ist das alles so sehr bewusst.
Doch ich kann dir nur sagen, das Letzte, was du sollst,
ist jetzt verzagen.

Vielleicht befinden sich an der nächsten Ecke die
allerschönsten Verstecke.
Mit Orten so wundervoll wie hier.
Mit Menschen, denen es so geht wie dir.

Vielleicht gönnst du dir erstmal ne Flasche Bier und
betrachtest alles weit weg von hier.
Fernab von jeglicher Realität,
in einer Welt, in der alles auf dem Kopf steht.

Dann kommst du vielleicht zur Erkenntnis,
dass alles gar nicht so schlecht ist.
Dass das Leben so viel bietet,
auch wenn es ab und an mal regnet.

Nimm es hin, lass deine Sorgen los.
Vielleicht wirst du zunächst einmal groß.
Dann kannst du dir noch immer Gedanken machen
und leichter über vergangene Dinge lachen.

Bleib dir selbst treu und steh dir bei.
Niemand hier ist fehlerfrei.

Manchmal

Manchmal
Ja manchmal da bin ich mir sicher,
so unglaublich sicher.
Aber eben nur manchmal.

Meistens
Ja meistens da bin ich mir unsicher.
So unsicher.

Unsicher, was ich eigentlich will.
Unsicher, ob das, was ich gerade lebe,
gut für mich ist.
Unsicher, ob die Menschen in meinem Leben richtig
sind.
Unsicher, ob meine Gefühle mich täuschen.
Unsicher, ob der Weg, den ich eingeschlagen habe,
auch zu mir passt.
Unsicher, ob meine bisherigen Entscheidungen in
Ordnung waren.

Manchmal da fühlt sich alles so verdammt richtig an.
Jede Entscheidung, jedes Gefühl, jeder Mensch, der
Weg, das Leben. Aber eben nur manchmal.

Anders

Ich bin nicht gut so wie ich bin.
Ich bin anders.
Anders in meinem Denken, in meinem Fühlen,
in meinem Sein.
Mal tiefschwarz und dann wieder kunterbunt.
Mal schwer wie ein Stein
und dann wieder leicht wie eine Feder.
Ich bin nicht gut so wie ich bin.
Ich bin anders.
Und immer, wenn ich denke auf der richtigen Spur zu
sein, mit beiden Beinen am Boden,
wirft es mich aus der Bahn.
Reaktionen, Worte, Taten anderer.
Wieder einmal wird mir bewusst, ich bin anders,
eben nicht gut so wie ich bin,
denke ich und falle zurück.
Kunterbunt wird tiefschwarz,
die Feder wird zum Stein.
Ich bin nicht gut so wie ich bin.
Ich bin anders.

Weit weg

Jetzt lieg ich hier so unentspannt,
dreh mich von rechts nach links,
starr an die Wand.

So leer in mir, so weit weg das Ich.
Versuche zu verstehen, aber ich kann es nicht.
Was ist nur los da in mir drin,
wo ist mein altes Ich nur hin.
Nicht hier, nicht da, nirgends zu sehen,
muss sich erstmal überwinden,
aus dem Tief herauszugehen.

Ich will es, doch kann es nicht.
Ich kann es, doch will es nicht.
Was nun - frag ich mich.
Kann ich mich endlich mal entscheiden.
Es ist so verdammt anstrengend dieses Leiden.

Doch am Ende allen Denkens,
muss ich wieder in die falsche Richtung lenken,
statt einen Schritt nach vorn zu gehen
und aus dem Loch heraus zu sehen.
Geh ich zurück und lass mich fallen
und das ausgerechnet vor allen.

Irgendwann, da bin ich sicher,
werde ich endlich mal begreifen,
ich muss vom dunklen Weg abweichen.
Der Helligkeit entgegen gehen und wenn es sein
muss, immer wieder neu aufstehen.
Am Ende befindet sich dann das Ziel.
Wie dies aussieht, kann sich jeder vorstellen,
wie er will.

Einfach Ich

Ich wäre so gern mit mir im Reinen -
aber wie?
Ich kann es nicht vereinen.
Vereinen mit meinem Kopf, meinem Herzen
und meinem Ich.
Nein so einfach, sag ich mir, geht das nicht.
So viel müsste besser sein und anders und dann denke
ich mir nein, nein ich kann das.
Mit mir zufrieden sein und glücklich.
Ich kann es vereinen mit mir selbst zu sein im Reinen.

Mein Herz

Und wenn’s mal wieder dunkel wird,
dann bist du mein Licht.
Das mich hält und führt,
aufpasst, dass nichts bricht.

Du bist du

Nach so vielen Jahren
hab ich's endlich verstanden.
Du bist du und ich bin ich.
Ich nehm dich heute
mit all deinen Ecken und Kanten.
Weil du großartig bist
und das Herz am rechten Fleck hast.
Du hast mich schon immer verstanden.
Du bist du und ich bin ich
Dafür bin ich dankbar, dafür liebe ich dich.

Familie

Gemeinsam lachend, teilen wir das Leben,
schaffen Erinnerungen, Tag aus Tag ein.
Was zählt im Leben, ist das Miteinander,
die Liebe zueinander lässt uns sein.

Vertraute Blicke, Hände, die sich finden,
Bindung, die uns trägt durch Zeit und Raum.
In dieser Nähe, wo die Sorgen schwinden,
erblüht die Seele wie ein zarter Traum.

Wurzeln

Ich wollte so vieles und alles kam anders.
Ich dachte ich kann das, doch oftmals verschränkte
mir dies meine klare Sicht und warf Schatten
auf Stellen, an denen eigentlich war Licht.

Doch da wart ihr und standet egal was kam,
immer zu mir.
Habt mich nie fallen lassen oder das Gefühl gegeben,
was zu verpassen.
Immer geborgen und frei von Sorgen,
liest ihr mich nie allein und dennoch einfach ich sein.

Ein einfaches Danke ist eigentlich zu wenig.
Jedoch bekommt ihr dieses von mir auf ewig.
Ohne euch wäre ich ein Nichts,
klein und leer, ein unbedeutendes Gesicht.

Schwesterliebe

Du bist mein Licht, mein ständiger Begleiter.
Im Sturm und Wind, stets der treue Streiter.
Kein Wort, kein Blick, kein Zögern, kein Fragen,
konnte uns je in Zweifel tragen.

Du siehst mich, wenn kein Anderer erkennt.
Hörst meine Sorgen, die der Wind verbrennt.
Mit dir bin ich stark, zusammen so viel mehr.
Unser Band ist unendlich,
unsere Herzen zusammen nicht schwer.

Kein Schmerz, kein Leid, kann uns entzweien.
In deiner Nähe lässt sich alles verzeihen.
Ein Blick von dir, und ich bin heil,
denn du und ich – uns trennt kein Keil.

So wächst die Liebe, so wächst die Zeit.
Du bist mein Rückhalt, mein Seelenfrieden, weit.
Für immer verbunden, du und ich,
unsere Schwesterliebe – ewig und für dich.

Ich sehe dich

Ich kann es fühlen. Deinen Schmerz.
Ich sehe ihn - ich sehe dich.
In deinen Augen zeigt er sich.
Wie, wie kann ich dir nur helfen, frag ich mich...

Ich finde keinen Weg.
Immer und immer wieder
habe ich dir die Hand gereicht.
Glaub mir, es viel mir alles andere als leicht.
In Stunden, in denen ich selbst nicht wusste,
wo ich stehe, ob ich wirklich weiter gehe.

Aber du, du hast dich dazu entschieden,
liest meine Hand am Ende doch links liegen
und griffst nach einer anderen.
Ob sie die richtige Wahl war, weiß ich nicht,
denn am Ende geht es hier um dich.

Und trotzdem weißt du,
werde ich sie dir immer wieder reichen
und versuchen den Schmerz
aus deinem Herz zu streichen.

Du

Du hast es wieder mal geschafft.
Deine Worte, deine Blicke, deine Taten...
Du kannst es kaum erwarten, mir das Gefühl zu geben, nichts wert zu sein.

Immer und immer wieder ziehst du mich nach unten,
nicht nur während unserer gemeinsamen Stunden.
Nein selbst in meinem Kopf bist du präsent
und schaffst es mich zweifeln zu lassen.
Mich, für mich zu hassen.

Doch nun weiß ich längst,
wer ich bin und was ich kann.
Seh' mich gerne im Spiegel an
und find mich gut so wie ich bin.
Plötzlich macht alles wieder Sinn.
Mein Verhalten kratzt an deinem Ego
und du erträgst es nicht, wie ich bin und wie ich lebe.
Doch es macht mir nichts aus,
dass du dich an mir störst.
Mich unterdrückst und mir nicht einmal richtig zuhörst.
Ich bin so wie ich bin.
Ich bin zufrieden, lustig und naja auch klein.
Aber ich weiß, wer ich bin und damit mehr als fein.

Wegen dir

Wegen dir ist meine Welt so grau und klein,
wegen dir fühl' ich mich so allein.
Keine Worte verleihen diesem Gefühl den richtigen Ausdruck.
Kein noch so guter Gedanke bringt mich zur Freude zurück.

Neid

Du sagst mir nicht du kannst das nicht.
Du sagst mir nicht du magst mich nicht.
Nein du schaffst es nicht.

Stattdessen quälst du mich mit Aussagen,
die mich verletzten,
die meine Grenzen überschreiten,
die mich zweifeln lassen an mir
und meinen Fähigkeiten.
An mir als Person.

Warum du das tust?
Ich kann’s nur erahnen.
Unzufriedenheit projiziert man gerne auf die
angeblichen Probleme der anderen.

Auf Dinge, an denen man sich stört, weil man sie
selbst gerne hätte.
Es liegt sowas wie Neid in der Luft.

Die Zeit

Du kannst sie nicht zurückdrehen, die Zeit.
Die Zeit, die dir gerade durch die Finger rinnt.
Die viel zu kostbar ist, um sie zu verschwenden.

Und doch denkst du an das, was war,
was hätte sein können.
Und du vergisst, dass das Vergangene vorbei
und trotz dessen alles noch möglich ist.
Für nichts ist es zu spät.

Angst

Enge in der Brust
die Luft fehlt

Angst

Kreisende Gedanken
ausgemalt bis ins kleinste Detail

Angst

gelähmt, traurig, leer -
keine Freude mehr

Angst

Panik

Da ist es wieder - dieses Gefühl.
Unerschöpflich und stark.
Für mich unerträglich und arg.

Das Gefühl, das mich hemmt, mir den Mut nimmt,
mich zum Verzweifeln bringt.
Mich klein und unsicher macht,
mir den letzten Funken Hoffnung raubt
- hemmungslos -
Tag und Nacht.

Verloren

Freude...

im Frühling
im Sommer
im Herbst
im Winter
am Leben

in kleinen und großen Momenten
dennoch verloren...

in der Leere
in der Trauer
im Schmerz
in der Angst

Erschöpfung

Langsam kommst du in mir vor...
Zack - ein Gedanke.

Krankheit, Tod, Trauer - ich kann es fühlen.
In meiner Brust sitzt es tief.
Schmerz, Verzweiflung, Angst.

Ich weine, bin hilflos, bin leer.
Erschöpft gebe ich nach.
Die Augen schließen sich.

Ende

Ein Ende setzen.
Wie oft mir dieser Gedanke schon durch den Kopf schwebte.
Ein Ende setzen.
Den Schmerz stillen.
Ein Ende setzen.
Die Last fallen lassen.
Ein Ende setzen.
Den Druck nicht mehr spüren müssen.
Ein Ende setzen.
Den ewigen Kampf aufgeben.
Ein Ende setzen.
Um meines Friedens willen.

Zu früh

Ich möchte dir so viel sagen, die Zeit zurückdrehen
und dich fest in die Arme nehmen.

Den Moment genießen
mit dem Wissen, dass es das letzte Mal war.

Du hattest noch so viel vor,
du wolltest noch so viel erleben.
doch das Schicksal schlug zu,
riss dich aus der Welt
und nahm dir das Leben.

Ich denke an dich,
steh an deinem Grab,
spüre das Gefühl von Reue,
fühl mich schlecht, wenn ich mich freue,
weil mir mehr Zeit vergönnt war als dir.

Doch ich kann nur hoffen,
dass es dir gut geht, da wo du bist.
Ich will, dass du weißt, du wirst hier vermisst.

Für meinen Opa

Du warst
du bist
du bleibst
ein Teil von meinem Herzen.
Ein Teil von mir.
Auch nach so vielen Jahren fehlst du unglaublich hier.

Du warst besonders,
selten und grandios.
Ein Unikat,
dass seine Familie liebte und alles für sie tat.

Ich hätte so gerne die schönsten Momente mit dir
geteilt, lediglich meine Erinnerungen sind alles,
was bleibt.

Doch bin ich unglaublich dankbar für diese wenigen
Bilder in meinem Kopf.

Du fehlst mir, du fehlst uns.
Wenn sich mir nur ein einziges Mal die Gelegenheit
bot.
Doch ich hoff', es gibt ein Leben nach dem Tod.

Was ich dir wünsche

Ich wünsche Dir, dass du dir treu bleibst,
auch wenn du gerade dein größter Kritiker bist.

Ich wünsche Dir, dass du immer offene Arme findest,
wenn Worte nicht mehr reichen.

Ich wünsche Dir Menschen an deiner Seite,
die dir das Gefühl von Geborgenheit geben.

Ich wünsche Dir einen Ort, der nicht nur dein zuhause
ist, sondern sich auch danach anfühlt.

Ich wünsche Dir, dass du selbst in kleinen Momenten
die Größe dieser spürst.